**Carnets Bla Bla**
2 allée de la Résidence du Lac – 45200 Montargis – France
Tous droits réservés

# Présentation du *Carnet de l'Écrivain*

Vous avez entre les mains votre *Carnet de l'Écrivain*.

À l'heure du smartphone ou des tablettes, les carnets sont paradoxalement devenus ces dernières années des objets tendances, comme le montre, par exemple, le Bullet Journal®.

Le carnet de l'écrivain a pour vocation de vous aider dans la création de votre prochaine œuvre littéraire, en l'occurrence votre prochain roman.

Il vous aidera à vous poser les bonnes questions et à ne rien oublier dans votre projet : comment mettre en place l'univers d'un roman ? Comment créer des personnages ? À quel public est destiné ce roman ? La deuxième partie du *Carnet de l'Écrivain* est dédiée aux notes et aux premières pages de votre future création.

Cet objet sera votre vade-mecum qui, nous l'espérons, vous deviendra indispensable et sera la première étape – pourquoi pas – vers un futur succès de librairie pour votre roman.

Maintenant, c'est à vous de jouer : à vos crayons et à votre créativité...

Titre du roman (provisoire ou non) :

Sous-titre du roman (facultatif) :

Nom / pseudo :

Genre :

Livre commencé le/en :

Date prévisionnelle de fin de rédaction :

Faites le résumé de votre livre pour le 4ᵉ de couverture :

Quelles sont mes motivations pour écrire ce roman ?

À quel public est destiné ce roman ?

L'humour sera-t-il présent ?

Y aura-t-il du sexe ?

Combien prévoyez-vous de page, de parties, de chapitres ?

Listez ici les titres possibles de votre livre (liste la plus exhaustive possible) :

Posez-vous maintenant les bonnes questions au sujet de votre roman :

Qui ?

Quoi ?

Où ?

Quand ?

Quelle est la thématique de votre roman ?

Un crime ? Un secret ? Une histoire d'amour ? Un scandale ?

Pourquoi avoir choisi cette thématique ? Quelles sont vos influences ?

Faites un résumé de votre histoire ?

Comment allez-vous traiter votre histoire ?

Qui sera le narrateur ?

Quel temps allez-vous utiliser ?

Présent, passé composé, passé simple, imparfait ?

À quelle époque se passera l'histoire ?

Quelle sera la chronologie de l'histoire ?

En combien de temps se passe l'action de l'intrigue ? Et les flashbacks ?

Parlons des personnages du roman.

Listez une liste de noms de personnages (principaux et secondaires) :

Qui est le personnage principal ?

Quelles sont ses aspirations profondes ?

Qu'est-ce qui l'empêche d'assouvir ces aspirations ?

En quoi l'histoire lui permettra de résoudre ces aspirations ?

## personnage principal

| Prénom et nom | Sexe | Âge | Description physique | Profession / activité | Situation personnelle | Traits de caractère |
|---|---|---|---|---|---|---|
| | | | | | | |

# Personnage principal

| Passé du personnage | |
|---|---|
| Amis / alliés | |
| Ennemis / adversaires | |
| Le personnage va-t-il évoluer ? | |

## personnage secondaire

| Prénom et nom | Sexe | Âge | Description physique | Profession / activité | Situation personnelle | Traits de caractère |
|---|---|---|---|---|---|---|
| | | | | | | |

# Personnage secondaire

| Passé du personnage | |
|---|---|
| Amis / alliés | |
| Ennemis / adversaires | |
| Le personnage va-t-il évoluer ? | |

## personnage 3

| Prénom et nom | Sexe | Âge | Description physique | Profession / activité | Situation personnelle | Traits de caractère |
|---|---|---|---|---|---|---|
| | | | | | | |

## Personnage 3

| Passé du personnage | | |
|---|---|---|
| Amis / alliés | | |
| Ennemis / adversaires | | |
| Le personnage va-t-il évoluer ? | | |

## personnage 4

| Prénom et nom | Sexe | Âge | Description physique | Profession / activité | Situation personnelle | Traits de caractère |
|---|---|---|---|---|---|---|
| | | | | | | |

# Personnage 4

| Passé du personnage | Amis / alliés | Ennemis / adversaires | Le personnage va-t-il évoluer ? |
|---|---|---|---|
| | | | |

## personnage 5

| Prénom et nom | Sexe | Âge | Description physique | Profession / activité | Situation personnelle | Traits de caractère |
|---|---|---|---|---|---|---|
| | | | | | | |

## Personnage 5

| Passé du personnage | | | |
|---|---|---|---|
| | Amis / alliés | | |
| | Ennemis / adversaires | | |
| | | Le personnage va-t-il évoluer ? | |

## personnage 6

| Prénom et nom | Sexe | Âge | Description physique | Profession / activité | Situation personnelle | Traits de caractère |
|---|---|---|---|---|---|---|
| | | | | | | |

# Personnage 6

| Passé du personnage | |
|---|---|
| Amis / alliés | |
| Ennemis / adversaires | |
| Le personnage va-t-il évoluer ? | |

## personnage 7

| Prénom et nom | Sexe | Âge | Description physique | Profession / activité | Situation personnelle | Traits de caractère |
|---|---|---|---|---|---|---|
| | | | | | | |

## Personnage 7

| Passé du personnage | Amis / alliés | Ennemis / adversaires | Le personnage va-t-il évoluer ? |
|---|---|---|---|
| | | | |

Autres personnages secondaires :

Planning d'écriture :

| | | | |
|---|---|---|---|
| **Chapitre 1** | Objectif atteint ☐ | À retravailler ☐ | Satisfait ☐ |
| **Chapitre 2** | Objectif atteint ☐ | À retravailler ☐ | Satisfait ☐ |
| **Chapitre 3** | Objectif atteint ☐ | À retravailler ☐ | Satisfait ☐ |
| **Chapitre 4** | Objectif atteint ☐ | À retravailler ☐ | Satisfait ☐ |
| **Chapitre 5** | Objectif atteint ☐ | À retravailler ☐ | Satisfait ☐ |
| **Chapitre 6** | Objectif atteint ☐ | À retravailler ☐ | Satisfait ☐ |
| **Chapitre 7** | Objectif atteint ☐ | À retravailler ☐ | Satisfait ☐ |
| **Chapitre 8** | Objectif atteint ☐ | À retravailler ☐ | Satisfait ☐ |
| **Chapitre 9** | Objectif atteint ☐ | À retravailler ☐ | Satisfait ☐ |
| **Chapitre 10** | Objectif atteint ☐ | À retravailler ☐ | Satisfait ☐ |
| **Chapitre 11** | Objectif atteint ☐ | À retravailler ☐ | Satisfait ☐ |
| **Chapitre 12** | Objectif atteint ☐ | À retravailler ☐ | Satisfait ☐ |
| **Chapitre 13** | Objectif atteint ☐ | À retravailler ☐ | Satisfait ☐ |
| **Chapitre 14** | Objectif atteint ☐ | À retravailler ☐ | Satisfait ☐ |
| **Chapitre 15** | Objectif atteint ☐ | À retravailler ☐ | Satisfait ☐ |
| **Chapitre 16** | Objectif atteint ☐ | À retravailler ☐ | Satisfait ☐ |
| **Chapitre 17** | Objectif atteint ☐ | À retravailler ☐ | Satisfait ☐ |
| **Chapitre 18** | Objectif atteint ☐ | À retravailler ☐ | Satisfait ☐ |
| **Chapitre 19** | Objectif atteint ☐ | À retravailler ☐ | Satisfait ☐ |

| | | | |
|---|---|---|---|
| **Chapitre 20** | Objectif atteint ☐ | À retravailler ☐ | Satisfait ☐ |
| **Chapitre 21** | Objectif atteint ☐ | À retravailler ☐ | Satisfait ☐ |
| **Chapitre 22** | Objectif atteint ☐ | À retravailler ☐ | Satisfait ☐ |
| **Chapitre 23** | Objectif atteint ☐ | À retravailler ☐ | Satisfait ☐ |
| **Chapitre 24** | Objectif atteint ☐ | À retravailler ☐ | Satisfait ☐ |
| **Chapitre 25** | Objectif atteint ☐ | À retravailler ☐ | Satisfait ☐ |
| **Chapitre 26** | Objectif atteint ☐ | À retravailler ☐ | Satisfait ☐ |
| **Chapitre 27** | Objectif atteint ☐ | À retravailler ☐ | Satisfait ☐ |
| **Chapitre 20** | Objectif atteint ☐ | À retravailler ☐ | Satisfait ☐ |
| **Chapitre 29** | Objectif atteint ☐ | À retravailler ☐ | Satisfait ☐ |
| **Chapitre 30** | Objectif atteint ☐ | À retravailler ☐ | Satisfait ☐ |

# Documentation et bibliographie :

Éditeurs et/ou agents à contacter :

Faites votre rapide biographie :

Vous voilà prêt·e à commencer votre roman…

© 2019, Chiron, Bruno
Edition : Books on Demand,
12/14 rond-Point des Champs-Elysées, 75008 Paris
Impression : BoD - Books on Demand, Norderstedt, Allemagne
ISBN : 9782322042739
Dépôt légal : juin 2019